ぐるぐるパイめぐり

やましたゆうこ　さく

なつのひざしが　とてもつよかったので
はたけに　あまい　おいしい　かぼちゃが
たくさん　なりました。

おとうさんが　おおきなカゴに
どっさり　とってきてくれました。

おかあさんは　さくさく　とろ～りの
おいしい　かぼちゃのパイを　つくってくれました。

のはらで　のんびり　おやつをいただこうと
ぱっこちゃんと　さっちくんは　なかよく　でかけました。

おひさまいっぱい　きれいなきいろ
あま～い　おいしい　かぼちゃのパイ

ぱっこちゃんも　さっちくんも
ふわふわ　やさしいきもちに　なりました。

あま～い　においに　さそわれて
タヌキのこどもが　やってきました。
「ぼくにも　おあじみ　ちょうだいな。」

「みんなで　たべたら　もっと　おいしいよ。」
ぱっこちゃんと　さっちくんは　のこっていた　パイを
タヌキのこどもに　あげました。

あま～い　おいしい　かぼちゃのパイ。
タヌキのこどもも　ふわふわ　やさしいきもちに　なりました。

タヌキのこどもは　ぴかぴかに　みがいた
きのみを　おいて、
もりに　かえっていきました。

つやつや　ぴかぴかの　きのみを　ふたりで　びっくり　ながめていると…

バッサ　バッサと　おとがして
カラスのマダムが　やってきました。
「つやつや　ぴかぴかの　そのきのみ
わたしに　ゆずって　くださいな。」

きれいずきの　カラスのマダム
きっと　たいじに　してくれる。
ぱっこちゃんと　さっちくんは
きのみを　マダムに　あげました。

つやつや　ぴかぴかの　きのみを　もって、
カラスのマダムは　キラキラ　すてきな　きもちに　なりました。

カラスのマダムは　きれいな　もようの
カギを　おいて、　やまに　かえっていきました。

カギを　みていた　ぱっこちゃん
「どこかで　みたこと　あるような…」
「あ！！」

「くまのさんちの　そうこの　カギだ！」

くまのさんは　カギを　なくして　こまっていました。
おばさんと　ふたりで　おろおろ　うろうろ…

「これは　こまった！　はたけのしごとが　できないぞ。」

「くまのさ〜ん！　おとしものだよ〜！」

「これは　びっくり　たすかった！」
くまのさんは　おおよろこびです。　そうこのドアも　あきました。
おばさんは　にっこり　ほほえんで、　ふたりに　はちみつを　くれました。

ぱっこちゃんと　さっちくんは　おおよろこびで いえに　かえりました。

はちみつをみた　おかあさんは
「なんてすてき！！」と　いいました。

そして　はちみつを　もって
キッチンへ　いくと、
トントン　コトコト　なにか
おりょうりを　はじめました。

SUGAR
CINNAMON
CLOVE
SALT
WATER
CREAM
OVEN

トントン　コトコト　かぼちゃの　クリーム
コネコネ　コロコロ　ビスケット

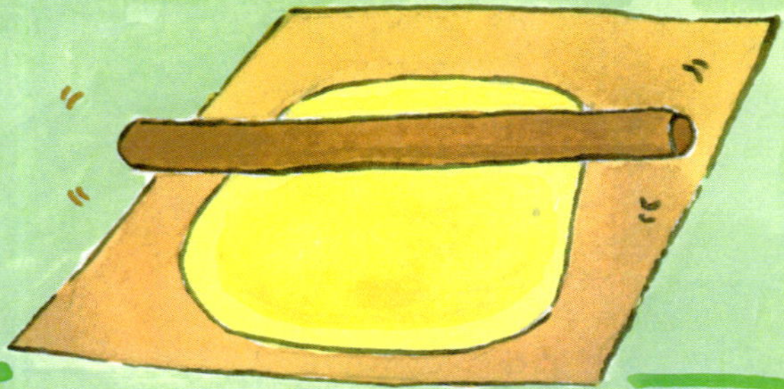

しいて　ながして　オーブンにいれて…
できたのは　おおきな　おおきな　かぼちゃのパイでした。

つぎのひ　ぱっこちゃんと　さっちくんは、
おとうさんと　おかあさんと
タヌキのこどもと　カラスのマダムと
くまののおじさんと おばさんと、
たのしい　たのしい
おちゃかいをしました。

みんなで　たくさん　たくさん　わらいました。

著者略歴

やました　ゆうこ

甲南大学文学部卒
保育士の資格取得とともに絵本の制作を始める。
おとなもこどもも読みやすい絵本を作るべく日々奮闘中。

ぐるぐるパイめぐり

2018年3月1日　　初版発行

著：やました　ゆうこ

定価（本体価格1,800円＋税）

発行所　株式会社 三恵社
〒462-0056　愛知県名古屋市北区中丸町2-24-1　TEL 052-915-5211　FAX　052-915-5019
URL http://www.sankeisha.com

ISBN978-4-86487-810-4 C8793 ¥1800E